내 몸이 보석이다

류영자 제3시조집

문학신문 출판국

내 몸이 보석이다

서문

최순향(세계전통시인협회 한국본부 이사장)

  꽃밭이 아름다운 것은 저마다 모양도 색깔도 향기도 다 다른 꽃들이 조화롭게 어울려 있기 때문이리라.
  시인들 또한 크게 다르지 않다. 저마다 다른 자신의 속내를 자신만의 색깔과 향기로 풀어내기 때문에 그 많은 시인과 작품들이 사랑을 받고 인구에 회자(膾炙)되고 있다고 생각한다.
  여기 특별한 여류 시인 한 분이 있다. 등단 10년 차의 류영자 시인이다.
  류 시인은 여러 여류 중에서도 자신만의 분위기와 색깔을 고수하며 세 번째 시집을 내신다.

  류영자 시인은 고향이 경북 안동의 전주 류씨 집안으로 전형적인 반가 출신이다. 시댁은 경북 영양 가마실의 야성(野城) 정씨 집성촌의 반가(班家) 집안이다. 지금은 반상(班常)의 구별이 없어진 지 오래지만, 지방의 몇 곳은 아직도 양반의 법도가 깍듯하여 그 법도가 생활로 이어지고 있다. 그중 하나가 류 시인의 시댁인 야성 정씨 집안이다. 전주 류씨 또한 그에 못지않다. 이런 집안에서 5남매 막내로 태어나서, 시어른은 9남매 맏이이시고 남편은 4남매 맏이인 집안의 며느리로 출가한 류 시인이라 그 일상이 어떠했으리라는 것은 불문가지이다. 봉제사 접빈객을 쉴 새 없이 하면서도 류 시인 또한 4남매를 훌륭히 키워 냈다. 만나서 지난 세월의 얘기를 나누어 보면 힘들거나 싫었다는 얘기는 없고, 웃으며 즐겁게 말하는 모습이 그렇게 평화롭고 소녀 같다.

 류 시인의 모든 작품에는 생활이 녹아 있다. 눈앞의 일상이나 시대적 상황들을 과장도 숨김도 없이 옛날 규방가사를 읊듯 시조로 풀어내고 있다. 이래서 류 시인의 시조가 더욱 귀하게 느껴진다.
 시집의 제목인 '내 몸이 보석이다' 이라든가 '요양원' '현대판 효' '약봉지 푼수' 등의 작품들이 시인의 현재를 노래하고 있다. 또한 '쓸개 없는 여자' '된장의 교훈' '관계' '자연' '배꼽' 등에서는 자신의 철학을 얘기하고 있으며, '청바지와 지팡이' '시계' 등 현실을 꼬집는 해학도 있다.

 류 시인에게는, 우리가 잊고 살던 옛 우리 것의 아름다움과 품격과 미풍과 양속이 있다. 이 작품들을 읽으며 아름다운 옛것들을 되살려, 우리의 삶을 고아하고 따뜻하게 돌려놓을 수 있으면 좋겠다는 생각을 해 본다.
 류 시인의 건강과 더욱 왕성한 필력을 기대한다.

자서

덧없는 세월은 화살처럼 흘러 어느덧 인생의 겨울을 맞이하고 보니 지난 일들이 주마간산처럼 후회 속에 회상됩니다.

그동안 주위의 권유로 두 차례의 시집이라고 출간하였으나 오히려 부끄러운 마음만 쌓여 왔을 뿐입니다.

아직도 시의 본질 정서 표현 시어 등에 대해서 그 도를 얻지 못했지만, 그래도 시조를 사랑하는 마음만은 미련이 남아 조금씩 적어 둔 작품들을 모아 보기는 하였으나 감히 용기를 내지 못했습니다.

그런데 뜻밖에도 한국 예술인 복지재단에서 창작 준비 지원 사업으로 시집 간행을 도와준다기에 부끄러움을 무릅쓰고 제3시집 출판을 마음먹게 되었습니다.

존경하는 선후배 문우님들께 다시금 간청하오니 널리 관용하시고 지도 편달해 주시기를 바랍니다.

시간이 허락한다면, 계속 정진하고 숙고하여 조금 더 성숙한 모습으로 문우님들을 뵙도록 하겠습니다.

그리고 서문을 써 주신 세계전통시조협회 최순향 이사장님과 해설을 써 주신 가천대 문복희 학장님께 감사의 말씀 올립니다. 또한 문학신문 출판부 여러분께도 감사하오며 옆에서 격려해 주신 남편과 자녀들에게 고마운 진심을 전하면서 자서의 말씀을 맺습니다.

2024년 1월

차례

서문 ‥ 4
자서 ‥ 6

제1부 인생의 겨울

내 몸이 보석이다 ‥ 14
능산리 고분 ‥ 15
버팀목 ‥ 16
큰 그늘 3 ‥ 17
세월아 ‥ 18
노옹 ‥ 19
인생의 겨울 ‥ 20
요양원 ‥ 21
물처럼 ‥ 22
남은 여정 ‥ 23
쉬파리 ‥ 24
쓸개 없는 여자 ‥ 25
배꼽 ‥ 26
날마다 최고 ‥ 27
시계 ‥ 28
엄지 부부 ‥ 29
솥의 전언 ‥ 30

제2부 봄비는 감로수

설매(雪梅) ·· 32
봄 찾아 ·· 33
봄의 화신 ·· 34
봄비는 감로수 ·· 35
가을 엽서 ·· 36
우리 집이 낙원이다 ·· 37
입추의 선물 ·· 38
높아지는 가을 하늘 ·· 39
자연 ·· 40
감자 씨눈 ·· 41
대봉감나무 ·· 42
호랑나비 ·· 43
북한산 ·· 44
수마 ·· 45
파도야 ·· 46
촉규화 ·· 47
호박의 매력 ·· 48

제3부 우표 없는 편지

우표 없는 편지 ·· 50
세모시 도포 자락 ·· 51
부모님 기일에·· 52
오빠의 영결식 ·· 53
엄마표 목화 이불 ·· 54
참깨밥 ·· 55
외손서 방문 ·· 56
백골부대 ·· 57
사돈과 여행하며 ·· 58
회혼을 맞으며 ·· 59
추억의 다듬이 소리 ·· 60
구들방 ·· 61
세발 무쇠솥 ·· 62
실과 바늘 ·· 63
추억의 시골집 ·· 64
꿈은 암시다 ·· 65
된장의 교훈 ·· 66

제4부 모질게 꺾인 꽃

모질게 꺾인 꽃 ·· 68
개미의 교훈 ·· 69
자리 보존 ·· 70
장군의 충절 ·· 71
호국 영령님 ·· 72
코로나 핑계 ·· 73
대통령님께 ·· 74
천안 독립기념관 방문 ·· 75
새마을 운동의 추억 ·· 76
물을 씻어 먹는가 ·· 77
참사 부른 귀신 놀이 ·· 78
한강 예찬 ·· 79
무궁화 예찬 ·· 80
직지 ·· 81
다누리 달에 간다 ·· 82
우리 춤의 매력 ·· 83
일회용 ·· 84
액막이 ·· 85
불은(佛恩) ·· 86

제5부 시를 캔다

시를 캔다 ·· 88
소리와 향기와 빛 ·· 89
청바지와 지팡이 ·· 90
현대판 효 ·· 91
화려한 퇴청 ·· 92
우정 ·· 93
벗들이여 ·· 94
약봉지 푼수 ·· 95
자손 기대 ·· 96
친정 성못길 ·· 97
졸업식장 ·· 98
삼시 세끼 ·· 99
선비 정신 ·· 100
불 맛 ·· 101
슈퍼 문 ·· 102
어울림 다문화 ·· 103
꼬리잡기 ·· 104

제6부 효 나들이

일산 호수 공원에서 ·· 106
효 나들이 ·· 107
새만금 방조제 ·· 108
영양 땅 수하계곡 ·· 109
양동마을 찾아서 ·· 110
팔미도 등대 ·· 111
태화강 ·· 112
황산 일출 ·· 113
태산에서 ·· 114
길상사 ·· 115
남산 한옥마을 ·· 116
삼 용이 떴다 ·· 117
횡성 호반 ·· 118
2022년 걷자 페스티벌 ·· 119
포항제철의 수난 ·· 120
강남 민속촌 ·· 121
호미 ·· 122

평설
인생과 자연의 조화를 통해
인간의 본질 탐구 ·· 123

제1부
인생의 겨울

내 몸이 보석이다

억겁의 인연 복에
이내 몸을 선물 받아

유일한 존재이니
만금에 비견하리

조물주
지극한 은총
빛과 향도 주셨으면

능산리 고분

능란한 고분군에 영면하신 백제 혼령
찬란한 호화생활 다 못 누린 원혼으로
나당 군
쌍나팔 소리 계백 장군 낙마하네

국경을 초월하여 서동요 일파만파
왕손의 혈통으로 궁남지의 용이 되니
궁핍한
성장 속에서 왕대 그루 되었다네

왜국의 원류 문화 재조명한 특수성이
사비성 옛터에서 역사를 새로 읽어
능산리
목각 불상이 석탑 보며 미소 짓네

버팀목

부부란 버팀목이
생민의 근본이요

동기란 동근이지
가족을 넓혀가니

결혼은
이성지합이
만복의 근원일세

홀로를 선택하면
고독한 가정이요

버팀목 없는 삶은
초목보다 초라하리

짝짓기
열심히 해야
국가 미래 푸른 신호

큰 그늘

인생의 긴 여정을
은하수 등대 삼아

등 굽은 나그네의
풍선 같은 희망으로

갈 길은
멀기만 하니
큰 그늘에 쉬어 가오

비밀은 뜬구름에
허물은 바람결에

불행은 안개처럼
큰 꿈은 태산같이

큰 그늘
안식처 되어
행복지수 높이소서

세월아

가는 걸 보았더냐
오는 줄 뉘 알소냐

무심히 가는 세월
세월 앞에 장사 없네

머물 듯
스치는 삶이
세월 따라 흘러가네

(2022년 연말에)

노옹

기억은 깜박 깜빡
생쥐가 훔쳐 가고

말투는 헛바퀴로
이빨 새로 숨어들고

육신은
실바람에 삐걱
그냥저냥 살다 가네

몇백 년을 살 것처럼
잔머리 굴리더니

나이 앞에 무릎 꿇고
객기 부린 후유증에

맥없어
억센 기 죽으니
골골하다 꺼져 가네

인생의 겨울

겨울이 몸살 하며 서산을 넘으려니
바람에 실려 갈지 구름에 날아갈지
덧없는
인생의 삶이 사계절의 변화더라

잡힐 듯 잡힐 듯이 잡히지 않는 삶이
보일 듯 보일 듯이 보이지 않는 미로
희망의
덫에 걸린 듯 사계절을 달려왔네

(2022년 1월 15일 대치동에서)

요양원

사람도 날 때부터 유통 기한 있는 것을
네 발 두 발 걸어가다 지팡이에 의지하니
한 생애
굴곡진 삶이 노을빛에 얼룩지네

효(孝) 자를 크게 새긴 숲속의 요정에서
세상과 담을 쌓은 적막강산 뜨락에서
멍때린
해바라기로 긴 하루를 삭인다

주말에 오마 하던 아들딸 무소식에
날마다 삐걱대는 휠체어도 목이 쉬니
쓸쓸히
하루를 접는 낙엽들의 속울음

(현대판 고려장 2020년 여름 요양원 방문)

물처럼

탐심을 씻어 내어 옥수로 스며들고
오물은 걸러 내어 정수로 보태 주면
좌우로
보듬어 안고 대수 되어 흘러가리

땅속에 샘을 모아 지상의 생명수로
퐁 퐁퐁 솟아올라 쉼 없이 퍼 올리니
그 음덕
만물의 젖줄 감로수라 하느니라

사람도 물과 같이 모든 허물 포용하고
낮추고 돌아가며 그릇대로 담는다면
폭넓게
보듬어 가며 윤슬처럼 잔잔하리

남은 여정

잘 살면 십 년이요 아차 하면 오 년인데
무엇을 잡으려고 심력을 다하는가
푸근한
심상 펼치며 웃으면서 살다 가세

돌아본 과거사는 뜬구름 잡을 듯이
근시로 달리다가 원시로 놓쳤으니
폭넓은
날개를 펴고 좌우로도 살펴보리

(2022년 10월 어느 날 시골에서)

쉬파리

쉬파리 퍼런 눈이
꾸린 곳만 몰려가네

응집력 기동력에
정보력 고단수다

삶이란
근면 성실한
벌 떼 보고 반성하길

시궁창 돌아봐야
벌레들만 득실대고

심신을 바로하면
삶의 질이 다를지니

아둔한
저급한 두뇌
진실함이 부재런가

쓸개 없는 여자

혼례란 미명으로
만복지원 거대 포장

고루한 남존여비
올가미에 걸린 삶이

행복을
궁리해 보니
간 쓸개를 버리자

한집안 내무대신
허허실실 웃고 사니

삶이란 무게만큼
마음 무게 인내하니

막막한
인생 여정도
쏜살같은 팔십 고개

   (2020년 가을)

배꼽

탯줄로 연결되어
열 달을 세를 살고

나의 몸 한가운데
점 하나 찍어 주니

한 생애
배꼽의 중심
나를 지킨 문지기

연결 끈 잘렸어도
삶의 근본 구심점

중심에 힘을 모아
흔들리지 말라시며

배꼽을
쓰다듬으며
유언으로 남기셨네

날마다 최고

날마다 오늘 최고
주문을 넣어 본다

일회용 인생 삶이
과욕이 대수더냐

슬픔은
담장을 치고
기쁨을 받아 오리

병마는 이겨 내고
건강은 챙기면서

미움은 공 차듯이
사랑은 끌어안고

가족은
보듬으면서
이웃과는 어울리세

시계

작은 것을 큰 것 살 때
덤으로 달랬더니

작은 것이 큰 것 보고
덩칫값도 못 한다네

사물은
덩치 크기로
값 매김이 아닌 것을

몸집이 크다 해서
작은 몸 얕보다가

작은 몸 금값으로
우쭐우쭐 째깍인다

인생도
이와 같으니
대소경중 갑질 마소

엄지 부부

한평생 살면서도
피차에 잘난 부부

자존심 안 꺾이려
엄지척 신경전이

잘난 척
기 싸움 승부
사랑꽃만 시드누나

피차에 한 발 뒤로
에너지 함께 모아

꿀단지 샘이 솟고
깨 볶아 고소할 걸

엄지손
날 세워 봤자
애꿎은 건 시든 아이

솥의 전언

귀 두 개 무쇠솥이
세상 얘기 들으란다

발 세 개 거북 솥이
잘 버티고 살라 한다

수천도
불구덩이도
꺾지 못한 저 고집

가마솥 밥 먹으려다
찡해 오는 가슴 한편

구부정한 거북 등에
여섯 식구 태우셨던

아버지
젊은 한때가
누룽지로 일어난다

제2부
봄비는 감로수

설매(雪梅)

겨울도 끝날 무렵 살얼음 여울목에
긴긴 밤 눈뜬 매화 흰 눈을 쓰고 섰다
칼바람
끌어안으며
그윽 향기 뿜는다

어린 왕 보위하던 사육신의 절개인 듯
육혈포 꼬나 잡던 식민 시대 지사인 듯
엄동의
하늘을 이고
수절 기상 장하다

백설이 녹고 나면 아침처럼 봄이 올까
물관을 부풀려서 꽃으로 비는 소원
훌훌훌
눈 터는 소리
한 하늘이 열린다

봄 찾아

들길을 걸어 본다
아지랑이 술래 되어

봄을 밟고 달려 본다
바람에 꽃을 따며

상생을
염원한 마음
봄 길에서 출렁이네

(2020년 봄)

봄의 화신

저수지 쪽빛 물결
하늘빛을 닮았구나

산야의 담록들은
친구의 격려인가

자연의
폭넓은 조화
다툼 없는 봄 편지

제비는 새집 짓고
옛 주인과 눈 맞추며

농부는 씨 뿌리고
들녘에는 투명 집이

활기찬
희망의 화신
이화 도화 시샘하네

봄비는 감로수

높은 산 잔설 녹여
폭포는 빙벽 깨고
냇물은 보태 주고
잠든 새싹 깨워 주니
살며시
속삭여 주는
봄비 너는 감로수라

꽃들은 웃게 하고
풀들은 더 푸르게
낮은 바람 실어 오고
높은 구름 밀어내며
생명엔
자비의 젖줄
이른 봄의 천사로다

(2021년 3월 21일)

가을 엽서

구만리 창공에는
뭉게구름 퍼져 가고
다람쥐 알밤 물고
월동 준비 분주하니
북풍은
심술부리며
억새 머리 흔드네

들녘은 곡간이요
유실수는 제맛 내고
하늘은 높아지고
개울물 맑아지나
철새는
무게 줄이려
살 빼기에 바쁘구나

(2021년 9월)

우리 집이 낙원이다

가족이 응원하여 사통팔달 편한 길지
젊을 적 못 누려서 황혼에 보너슨가
바르게
살아온 노을 윤슬처럼 빛난다

새소리 까치 소리 자명종 요란하고
일어나 창문 열면 신록이 반겨 웃는
노년에
편리한 주거 고공공포 사라졌다

젊음이 활기차고 노소가 함께하며
먹거리 볼거리며 오고감이 편리하니
늙음이
낡지 않기를 심신으로 노력하네

입추의 선물

풀잎에 내린 구슬
입추에 실려 왔나

창문을 닫게 하는
서늘한 바람결

입맛을
돋우어 주는
싱그러운 열무김치

(2023년 8월 30일 열무김치 담그며)

높아지는 가을 하늘

산 위에 저 소나무
하늘 높이 우뚝하고

흰 구름 산허리를
맴돌며 흩어지고

대나무
이슬을 받아
맑은 화음 서걱이네

골 깊은 바람 소리
숨차게 윙윙대고

산 높아 달 오름이
느림보로 솟아올라

댓돌 옆
귀뚜리 가요
오동잎도 춤추네

자연

아침 해 동산 위에
유유자적 뜨는 미소

둥근달 서녘 하늘
샛별 함께 밝혀 주니

바위는
제자리에서
파도와 대화하네

황금빛 들판에는
생명의 보고이고

냇물은 포용으로
만물의 젖줄이니

대자연
오묘한 섭리
흑백논리 말라신다

감자 씨눈

눈 따로 베인 몸체
눈이 살아 싹이 터서

끈끈한 재생의 힘
씨눈으로 꽃을 피워

하얀 살
품고 안아서
다산으로 탱글탱글

몸통은 잘려 가고
옴폭한 눈만 살아

가녀린 탯줄 달고
옹기종기 매달려서

한줄기
다산의 희열
밭고랑이 그득하네

대봉감나무

별들이 쓰다듬어
대봉나무 별꽃 피니

달님이 엿보다가
꼭지를 달아 주고

햇살이
간질여 주니
수줍어서 볼 붉히네

해맑게 꽃 핀 자리
파란 몸통 갓을 쓰고

씨앗을 품고 앉아
토실토실 살찌더니

된서리
찬 이슬 맞아
붉은 등을 달아 준다

호랑나비

장군천 높은 뚝방 황금나비 날개 펴고
내 치마 무대인 양 살랑살랑 춤을 춘다
백발도
꽃인 양하고 고운 심성 나풀댄다

이 가을 황금 들판 함께 즐겨 고맙구나
이 기분 하늘 날고 대명천지 밝은 웃음
나비도
흥겨운 무대 햇살 빚은 방천에

(2021년 9월 3일 시골 현들 방천에서)

북한산

연꽃의 변신일까 유두처럼 단아한 산
큰 산은 산을 업고 작은 산은 품어 안고
정겹게
연이은 능선 한양 도성 수문장

대한의 정수리에 민족혼을 심어 놓고
억만년 길이 빛날 억겁의 곧은 기상
내 생에
처음 느껴 본 수도 서울 길산이다

(2019년 봄 북한산 전망대에서)

수마

불쾌한 연일 장마
폭포 같은 물기둥에
가옥도 무너지고
전답 유실 인명 실종
순식간
몰아친 재해
하늘이여 거두소서

지구도 몸살 하고
하늘도 진통하니
기나긴 여름 장마
이 무슨 재앙인가
자연을
훼손한 저주
지구촌이 몸살이다

(2023년 7월 연일 폭우)

파도야

활 같은 해안가를
화내듯 밀려오고
물보라 거품 물고
백사장 쓸어가니
돛단배
바람결 따라
수평선과 출렁이네

파도는 큰 바위를
거세게 후려쳐도
바위는 대답 없이
파도만 바라본다
저 멀리
거센 바람에
멀어지는 파도여

(2021년 속초에서)

촉규화(접시꽃)

강렬한 유월 햇살 눈부시게 고운 맵시
대문을 마주 보며 단아한 미소 짓고
빈집을
지키는 속내 꼿꼿함이 매력이다

새빨간 꽃잎 속에 샛노란 꽃술 매력
층층이 웃자라서 대문 밖도 엿보면서
벌 나비
꿀 따러 와도 차등 없이 반겨 주네

접시꽃 너의 모습 한여름의 등불이니
화사한 그 맵시에 내 영혼 매료되어
해마다
너를 못 잊어 너 보러 내 왔노라

(2020년 6월 20일)

호박의 매력

햇살의 은총으로
옥토박토 뿌리 내려

굳세게 줄을 뻗어
별을 닮은 노란 웃음

꿀 따러
왕왕대는 벌 떼
살갑게도 애무하네

삼짇날 씨앗 심어
흥부 같은 근면함이

새순을 잘라 주면
측면으로 더욱 번창
나비의
옹골찬 애무
달덩이로 드러눕네

제3부
우표 없는 편지

우표 없는 편지

칼바람 겨울날에 우표 없는 편지 왔다
수십 년 무소식인 어머님의 전언인가
낯익은
목화솜 이불 대지를 덮고 있네

빛바랜 폐지 같은 보리밭 이랑마다
내리쓴 상형문자 태곳적 예술인가
무얼 또
당부하려고 긴 사연 부치셨나

주소는 없지마는 남쪽에서 봄소식이
처마 끝 반송함에 떨어지는 낙수처럼
어머니
계신 곳에도 겨울 가면 봄 오려나

(2019년 11월 13일 어머니 기일에)

세모시 도포 자락

잠자리 날개처럼 세모시 황금 도포
중절모 뿔테 안경 호탕하신 울 아버지
얼큰히
취하신 기분 막내딸과 학도가를

안동포 고의적삼 새하얀 모시 조끼
댓돌 위 검정 구두 대소사 말발 서고
헛기침
큰 한 소리에 서슬 퍼런 위계질서

   (2021년 여름비 오는 날 울컥)

부모님 기일에

우리 집 복덩이라 자애하신 깊은 사랑
작아도 큰 사람 못나도 엄지라며
죽어서
네 공 갚을게 유언처럼 하신 말씀

숙연한 마음으로 추모지정 흐느끼며
그토록 애휼하신 하늘 같은 높은 성음
믿어 준
시부모 은혜 나를 지킨 나침반

만추의 휴일이라 가족 인척 거실 가득
추모의 덕담과 복주로 복 받으며
십수 년
병상의 인고 저승에선 안락하소

(2018년 10월 28일 일요일)

오빠의 영결식

뜸부기 노래하고 들녘은 활기찬데
탯줄로 연을 맺은 나의 한 팔 오라버니
창공에
흰 가마 타고 떠나가는 영결종천

이십 년 병고에 말문 막혀 두문불출
그 재담 그 인품을 펼치지 못하고서
긴 세월
두문불출로 바보처럼 웃던 모습

동기로 두 몸 되어 끈끈한 남매지정
만연한 괴질 유행 면회사절 부고 오니
한 사발
골분이 되어 훨훨훨 날아가네

(2020년 7월 20일)

엄마표 목화 이불

산비탈 양지 밭에
천연섬유 면화송이
구름 같은 솜을 따서
딸의 혼수 명품금침
폭신한
원앙금침이
신물질에 밀려나네

엄마표 정성 담긴
청홍채단 폭신해도
시대의 변천으로
거위 털에 밀려나니
장롱 속
자리 보존이
짐이 되는 목화 이불

(2021년 3월 아직도 자리 보존 엄마표)

참깨밥

지하철 졸음 엄습 역방향 종착역에
아뿔싸 늦은 귀가 저녁 진지 어쩜 좋아
남편께
저녁밥 부탁 꼬리 내린 서툰 애교

현관문 들어서니 온 집안이 고소미다
영감님 지은 밥이 참깨밥이 되었구려
밥공기
끌어안으며 마주 보고 폭소하네

팔순의 어르신이 참깨 좁쌀 모르시고
허기진 늦은 시간 평생 일미 깨밥이니
내 생애
처음 먹은 밥 천하의 별미였네

(2021년 5월 3일 결혼기념일
지하철 왕복 3시간 잊지 못할 참깨밥)

외손서 방문

외손서 첫 방문에 삼대가 한자리에
듬직한 원앙 한 쌍 거실이 밝아지네
손서의
큰절 받으며 자손 경사 첫 테이프다

새 가족 첫인상이 부귀를 겸했으니
조상 된 첫정인지 잡은 손 따끈하네
결혼은
인륜대사요 만복의 근원이니

차린 음식 둘러보니 남해 수산 함평 육회
육해공군 명품 요리 와인 잔을 높이 들며
알토란
쇠고기 진국 알콩달콩 잘 살아라

(2023년 1월 7일 첫 손녀 새신랑 인사 온 날)

백골부대

새내기 장병들의 늠름한 퇴소식장
가족을 뒤로하고 국가 미래 중책으로
장하다
대한의 내 손자 구릿빛 강한 육군

단풍도 울긋불긋 젊은 피 연병장에
늠름한 백골부대 보무당당 사열식장
우렁찬
백골 삼사단 계급장이 번쩍인다

삼대가 한자리에 축하 파티 펜션에서
어수선 시국정세 입대 심려 춘설 녹듯
훌쩍 큰
손자의 기풍 씩씩한 육군 장병

(2017년 10월 26일 장손 백골부대 퇴소식장)

사돈과 여행하며

자식을 서로 나눈 동기 같은 사돈 정이
진도라 천 리 길에 함께 즐긴 효도 관광
솔비치
해변의 숙소 풍광 좋은 명소이다

한반도 끝자락에 수산자원 풍부하고
일출도 황홀하고 일몰도 찬란한데
예향미
넘치는 명소 입과 눈이 즐겁구나

이순신 승전 물길 팽목항 슬픈 사연
이박 삼일 누린 여행 힐링되어 승차하네
현부의
지극정성은 두 사돈의 추억으로

(2022년 10월 25일~27일 진도 솔비치 해변에서)

회혼을 맞으며

활짝 핀 이십 초반 가문끼리 혼약 성혼
여필종부 삼종지도 칠거지악 새기면서
굴레에
얽매인 삶이 육십 성상 회혼이라

둘이 가꾼 정원에는 자녀 손 열아홉이
오가며 반가운 정 보약 같은 안부 전화
자손들
살가운 정성 건강 챙겨 해로하네

자손들 심신강건 지혜롭게 대로 찾고
제 분복 안락 가정 삶의 질 높이면서
대 이은
적덕지가에 필유여경 비는 마음

(2023년 5월 3일 서남해 일주 8박 9일 가족 여행)

추억의 다듬이 소리

새해의 설빔 준비 고부간에 호흡 맞춰
호롱불 밝혀 놓고 차디찬 다듬잇돌
겨우내
쌓였던 한이 맷집으로 드러눕네

고부간 응어리도 조심조심 두드리며
눈물 섞어 풀어내는 다정한 화음으로
맺어진
한 가정 인연 세대 차도 풀어지네

엇박자 내리치면 칼로 벤 듯 금이 가니
고저장단 잘 맞추어 응어리 다독이듯
성 다른
여인의 화음 한 가정을 반석 위에

　　(내 어릴 적 추억을 적어 본다.)

구들방

아빠는 군불 때고 엄마는 가마솥 밥
굴뚝에 연기처럼 행복이 피어올라
따끈한
온돌방 안은 온 가족의 낙원이네

펼쳐진 무명 이불 언 발도 녹여 주고
따듯한 밥그릇이 두 손을 잡아 주면
오늘도
가난의 하루가 노골노골 녹아나네

구들목 한가운데 가장의 버팀목이
이불 속 사랑에는 씨앗이 심어지고
따듯한
온기의 위력 미래를 밝게 하네

(2022년 11월 13일)

세발 무쇠솥

거북 등 뚜껑 열면 하루치 성찬 가득
계란찜 뚝배기에 호박잎 감자까지
눈과 코
사로잡히며
허기짐을 돌려놓네

이제는 볼 수 없는 엄마표 마술 밥솥
뜸이 든 한 시절이 상물림에 밀려나고
곰삭은
기억만 물고
입만 쩝쩝 다신다

점심을 먹으려다 눈물 먼저 삼킨다
일인용 뚝배기에 담겨 나온 밥을 보니
어릴 적
부엌에 걸린
세발솥이 떠오른다

실과 바늘

둘이는 천생연분
홀로서기 못 하나니
서로는 궁합 맞아
산과 바다 꿰매 놓고
그 연분
영원하여라
지고지순 해피하리

쇠와 목 다른 근본
무슨 합이 지중하여
홀로는 무재무능
독립 못 해 여한이라
연분이
명궁합이니
영원무궁 함께하리

(2022년 3월 반짇고리 정리하다가)

추억의 시골집

산바람 골바람에 반딧불 폴폴 날면
아낙네 젖은 적삼 냇물에 씻은 몸매
바위 뒤
힐끗 본 노총각 계면쩍은 줄행랑

메케한 모깃불에 날파리 떼 달아나면
들마루 펼친 마당 달님이 등 밝히고
할머니
팔베개 얘기 꿈을 키운 여름밤

별빛이 쏟아지면 눈빛은 초롱초롱
모깃불에 익은 감자 야참으로 행복한 밤
엄마들
다듬이 소리 자장가로 코를 고네

꿈은 암시다

새빨간 도롱뇽이 기둥 타고 오른다
새벽녘 용꿈이네 기분이 우쭐하다
전화벨
요란하더니 사시 합격 희소식

황소가 대문으로 쌍으로 들어오네
텃밭에 먹을 풀을 손짓으로 유인하니
조상님
굽어살피사 주부에게 등단 소식

담장엔 양쪽에서 용 두 마리 대문으로
태몽이 분명하다 두 며느리 눈치 본다
두 손자
한 달 차이로 손자 두 놈 태어나네

(두 며느리 출산 2000년)

된장의 교훈

된장 맛 그르치면 일 년이 근심이니
메주와 샘물과 소금을 조준하여
긴 시간
숙성시켜서 정성 다해 우려내네

어두운 항아리 속 햇살 받아 속 끓이며
불순물 품어 안고 짜디짠 물속에서
메주의
콤콤한 별미 한국 전통 꽃피우네

발효가 되지 않은 설익은 글쓰기가
성찰의 도를 닦아 냄새를 제거하여
발효된
저 된장처럼 성숙한 글을 쓰세

제4부
모질게 꺾인 꽃

모질게 꺾인 꽃

인덕의 부재인가 된서리 가련해라
윗전은 흉탄으로 본인은 강한 연꽃
피눈물
삭이는 심정 저 하늘은 아시겠지

촛불에 살점 타고 백성은 혼란하고
용상의 피바람에 금부도사 오랏줄이
한목숨
나라에 바친 초개 같은 운명이여

적막한 좁은 방에 울분이 서린 호텔
태풍에 쏠렸느냐 된서리 내렸구려
끈기로
견디시구려 무궁화는 다시 피리

(2017년 3월 5일)

개미의 교훈

산책길 관청 뒷길
보행로에 왕개미군
빵조각 둘러메고
발맞추어 곳간으로
미물도
힘을 합하여
질서 있게 밀고 가네

곳간을 채우려다
취조 받는 조사실
개미들이 째려보며
한마디 툭 던진다
탐욕이
화를 불렀오
나누면서 사시라고

(2019년 봄날 대검찰청 뒤 산책로에서)

자리 보존

자리란 명제는
그 사람의 제자리니

왕골자리 대자리도
분수에 맞아야지

자리를
지키는 인내
복된 영광 누릴지니

탐심에 뺏은 자리
송곳방석 되고 마네

순리로 얻은 자리
양탄자로 푹신하리

탐욕이
푼수 떤 자리
날 선 칼날 안절부절

장군의 충절

난세의 영웅으로
구국 용맹 끓는 피로
다부동 생사 결전
방어선을 사수하니
절절한
임의 충절에
여름 하늘 푸른 깃발

유혈의 임전무퇴
물러서면 나를 쏘라
비수 같은 애국 충정
백 세 향년 나라 사랑
숙연한
애도의 인파
거국 대한 건재하리

(2023년 여름)

호국 영령님

철모 벤 돌무덤에 무궁화는 피어나고
유월의 하늘빛은 섬광이 펼치건만
애통한
임의 존령은 어이 눈을 감으시리

이념의 갈등으로 광란의 총칼 앞에
맨주먹 젊은 혈기 원수를 막아 주신
과묵한
임의 영전에 흰 국화를 바칩니다

생사의 갈림길에 선혈은 강이 되고
아비규환 피난 행렬 살아남이 기적이라
부릅뜬
곧은 충절로 자유 대한 영원하리

(2022년 6월 호국의 달에)

코로나 핑계

인간의 생활 기본 왕래가 제일인데
입 가려 경계하고 발길도 묶어 두니
제각기
방콕칩거는 우울증만 고개 드네

자식 집 문턱 높이 관청 문 능가하고
친척과 친구 집도 자물통 채운 듯이
괴질의
분탕질 핑계 소원해진 소통이여

이 세월 길어지면 문화도 변하겠네
인륜도 저버리고 금수로 살아갈 듯
온기가
식어가는 현실 세상 변화 무서워라

(2021년 9월 30일)

대통령님께

민심이 천심인가 초보운전 믿는 표심
지새는 개표 열기 열화의 여명함성
만백성
어버이 되신 임의 행운 국운이다

한반도 잘린 허리 열띤 민심 보듬어서
투철한 지혜로써 온 국민 통합하여
다랑논
평야 만들어 부국강국 이루소서

권력에 굴함 없이 준법정신 준수하여
국민은 일치단결 국가는 기강 확립
기필코
여민동락의 요순시대 펼치소서

(2023년 3월 9일)

천안 독립기념관 방문

역사를 잊은 민족 미래가 암울하리
겨레의 쌍탑 앞에 경건한 자세로서
영원한
민족의 기상 천세만세 누리소서

불굴의 대외항쟁 선조님들 나라 사랑
전시관 세세기록 후손들의 귀감 되니
굳건한
대한의 기백 지구촌에 우뚝하리

애국심 고조시킨 문학 단체 숙연한 맘
피로써 찾은 나라 가슴 깊이 되새기며
불굴의
투쟁과 염원 자유 대한 굳건하리

(2023년 6월 9일 여성 시조 문학 단체 기념관 방문)

새마을 운동의 추억

새벽종 방방곡곡
새마을 운동 전개
농사는 천하대본
농토는 농민에게
지도자
빼어난 지혜
보릿고개 사라졌네

통일벼 대량수확
허리띠 넓혀 가고
한민족 허기진 배
흰쌀밥이 채워 주니
한 많은
가난의 전송
추억 속의 옛얘기

(1960년대 새마을 운동)

물을 씻어 먹는가

맑은 물 탁한 물도
원천은 하늘과 땅
맑은 물 오염수도
인간의 조작인 걸
물 씻어
먹고 사는 귀신
없다는 말 명심하세

과학도 무시하고
이념만 앞세우며
손익에 눈먼 표심
괴담 유행 혼란하니
진실은
과학을 존중
믿고 삶이 어떠하리

(2023년 7월 5일 오염수 설전에
애꿎은 상인들 소요를 보고)

참사 부른 귀신 놀이

서양의 귀신 놀이 이 나라에 수입되어
도심의 좁은 골목 무질서로 몰려들어
꽃다운
청춘 남녀들 압사 현장 목불인견

우리는 귀신 존중 저들은 귀신 놀이
문화가 서로 달라 이런 비극 초래하니
축제가
지옥문이라 지혜 부족 어이할꼬

못다 핀 꽃송이들 부모 가슴 대못 치니
국민의 지팡이는 예방치안 각성하소
축제도
젊음의 놀이 참사 불행 없어야

(2022년 10월 29일 밤에 이태원 핼러윈 축제 참사
이십 대 미만 남녀들 150여 명 압사)

한강 예찬

검룡소 발원하여 한허리 가로질러
대한의 혼을 품고 물길 잔잔 꿈을 싣고
한민족
젖줄이 되어 그 명함도 여러 개다

존칭도 다양하고 요충지에 대교 놓아
강 남북 원활하니 동서로도 유연하다
한강의
유유한 윤슬 속삭이며 바다로

유일한 한강대교 전란에 폭파돼도
재건의 구슬땀이 이십팔 교 세웠구나
영원한
민족의 젖줄 서울의 별경일세

무궁화 예찬

민족의 기상이요
나라의 국화이니

한라서 백두까지
눈길마다 무궁화로

나라꽃
꿋꿋한 자태
꽃잎 져도 청결하네

시골집 마당가에
무궁화 여섯 그루

벌레도 얼씬 않고
씩씩하게 꽃 피우니

민족의
근면한 기상
바라보면 애국심이

직지

가슴이 두근두근 세계 최초 금속활자
국적은 대한민국 고향은 흥덕사라
타국 땅
보관실에서 고향 하늘 바라보네

직지는 우리 민족 긍지의 금속활자
고유한 문화유산 떠도는 타향살이
묵묵히
인내하시다 조국 품에 안기소서

(우리 유산 세계 최초 금속활자가 수집가의 손을 거쳐
떠돌다 타국 도서관에 보관 중 안타까운 심정을 적다.)

다누리 달에 간다

동화 속 계수나무 현실로 불원하니
쳐다만 보던 저 달 내려다볼 천재 기술
임인년
연말이 되면 금은 도끼 발견하리

기술의 날개 달고 다누리호 발사 광경
세계를 주름잡는 우리 기술 환호성이
장하다
과학자 연구 대한민국 으뜸 기술

두뇌가 특출하니 세계가 놀란 함성
다누리 발사 현장 오금 저린 그 순간
무사히
궤도 진입의 환호성에 웃는 달

(2022년 8월 4일 플로리다주 우주군 기지에서 다누리호 발사 성공적으로 달 궤도에 진입 성공 90분 만에 지상국과 첫 교신 성공 자축하며, 수고하시고 감격스럽습니다.)

우리 춤의 매력

상큼한 외씨버선
사뿐히 치켜들고
눌린 듯 다소곳이
한삼을 휘감으며
한 서린
기나긴 세월
눌린 한의 표출인가

보일 듯 안 보일 듯
휘감아 휘돌면서
가난의 속박에서
춤도 숨어 허기졌다
춤사위
고운 백성의
학을 닮은 자태더라

(2019년 어느 날)

일회용

원룸의 홀로 시대 대가족은 옛얘기
일인가구 현대 생활 쓸쓸한 식탁 음식
화려한
실내장식은 찬 공기만 감도네

그 많던 불청객은 배부르니 멀어지고
물질은 풍요하고 인정은 야박하고
만사가
일회용 시대 쓰레기만 쌓여 가네

두레상 오순도순 그 시절이 그립구나
나 홀로 일회 음식 영양가 계산하고
쓸쓸히
고독 씹으며 먼 하늘 바라보네

(2021년 9월 15일)

액막이

붉은 팥 앙금 내어 흰 옹심이 동동 띄워
빛 고운 큰 대접에 동지죽을 가득 담아
액막이
새해를 기원 고유한 미풍양속

붉은 죽에 꿀을 타서 한 사발 먹고 나면
배 속에 장기들이 나쁜 액을 밀어내고
대문에
팥물을 뿌려 액막이로 위로받네

(2021년 12월 22일 동짓날)

불은(佛恩)

승가사 사대 원찰
그 명성 새겨들어

선경에 보물 천호
석조 승가 대사상에

봄 찾은
사군자 팀이
불보살에 모은 두 손

북한산 준봉 아래
약사여래 신통 효험

불은이 충만하여
초행힘로 불문하고

전각에
숙연한 합장
괴질 추방 국태민안

제5부
시를 캔다

시를 캔다

산그늘 양재천을
뛰어 보려 움츠릴 때

만물이 시로 보여
시를 캐러 뚝방 길로

기필코
내 너를 캐리라
징검다리 뛰어가네

풀잎에 옥구슬이
또르르 굴러가고

길가에 소곤대는
풀꽃들도 쓰다듬고

내 너의
속마음 읽어
물소리로 보태 주리
　(2021년 봄날)

소리와 향기와 빛

단풍의 고운 빛은 가을의 빛깔이니
찬 서리 농 익혀서 오색으로 자랑하며
진하게
물들인 산야 조명탄을 터트리네

국화의 깊은 향은 가을의 향기이니
담장 밑 황국화야 서리 이겨 장하구나
은근한
향기의 매력 어진 군자 덕성이지

기러기 울음소리 가을의 소리이니
파란 하늘 날아가며 가을 소리 전하느니
저리도
구성진 소리 무얼 찾는 소리인고

청바지와 지팡이

휘어진 몸을 기댄
백발노인 지팡이

다리 꼰 청바지는
눈 감은 채 외면이라

바닥 친
경로우대로
전철 속이 불쾌지수

(2023년 7월 10일 지하철 내)

현대판 효

병마에 장사 없어 앙다문 푸른 입술
본인 뜻 외면하는 요양원 효의 굴욕
창백한
회한의 심화 삐걱대는 엇박자

묵정밭 넓혀가며 금지옥엽 내 새끼야
늙어서 보험인 줄 아둔한 죗값이냐
낡음이
서럽다거늘 생지옥이 웬 말이냐

한적한 고층 건물 방문객 그립구나
투입된 생명 줄에 옥죄는 삐걱 소리
울화통
터지는 신음 부르나니 어매어매

(2019년 어느 요양원 방문)

화려한 퇴청

젊음의 봉사 정신 혼신을 다 바치고
오로지 나라 위해 가족마저 등 돌려도
공인의
한없는 충성 멸사봉공 헌신이라

왕초가 무능하니 똥파리 떼거리가
치졸한 힘의 남용 무딘 칼날 휘두르니
청렴한
공직 생활을 그만두고 귀가하리

장하다 곧은 의지 갈까마귀 무리 떠나
백로의 맑은 깃털 오염될까 두렵더니
온정의
송별식 장면 전화위복 굳은 의지

(2019년 7월 28일 퇴청의 쓰린 마음)

우정

친구의 밝은 음성 인왕산 밑 양식요리
차림 상 산해진미 미각 촉각 들썩이네
신 선생
복 받으시게 베푼 우정 진지하오

포만감 소화하러 수상 계곡 반석에서
골바람 불어오니 술잔에 햇살 띄워
신선의
경지에 취해 춤사위에 콧노래라

반가운 벗님네야 금일 하루 누린 행복
수상수하 옥인절경 권주가에 취한 홍안
이 우정
피차 누리며 무병장수 건강하리

(2018년 초가을)

벗들이여

오늘은 유난히도
햇살이 자분자분

이런 날 자네들과
하얀 웃음 뿜어내며

추억의
넋두리 담아
건배 잔을 들고 싶네

진담 반 농담 반에
추임새 안주 삼아

목청껏 뻥튀기며
배꼽 잡고 취하고파

인생사
별것 있더냐
우정의 잔 높이 드세
　(2022년 봄)

약봉지 푼수

오십에 당뇨 오고
육십에 고혈압이

칠십에 무릎 통증
팔십에 척추질환

해마다
늘어만 가니
친구처럼 동행하네

한 달에 두세 번씩
병원 문전 왕래하며

이 약 저 약 약 꾸러미
순번 찾기 혼란한데

수하들
챙겨다 주는
건강식도 마다 않네

자손 기대

너희들 상면할 때 천하를 얻은 기분
꽃 중에 으뜸 꽃은 인 꽃이 엄지란다
내 품에
안겨 온 꽃은 보석같이 빛나거라

티 없이 웃자라서 집안의 대들보로
튼튼한 기둥으로 서까래로 뻗치면서
밝은 눈
높은 지혜로 넓고 깊게 펼쳐가라

가족의 인연이란 물보다 진한 핏줄
후덕한 높은 인격 진솔한 품성으로
사회의
구성원 되어 내 집 대문 활짝 연다

친정 성묫길

물안개 피어오른 명경수 안동호에
통통배 선상에서 빛 고운 단풍 보며
조상을
찾아가는 길 맑은 하늘 좋은 계절

수십 년 불참했던 친정 산소 성묫길
산길을 오르려니 팔순 노구 들숨 날숨
조카들
부축 받으며 조상 덕담 꽃피우네

조상님 묘소 아래 숙부모님 유골 안장
사즉귀토 자연현상 영생을 누리소서
안동댐
수혜의 명산 자손에게 발복을

졸업식장

내 손녀 명문 경기 졸업장이 빛이 나네
코로나 종횡무진 입실은 불가해도
강남에
자리 잡은 교정 전통과 명성 높다

우쭐 큰 내 손녀야 이제는 성인 되어
더 넓은 세상으로 힘차게 걸어가며
앞날을
열어 가는 혜안 지혜롭게 탐구하라

차남네 다섯 식구 할미와 회식장에
각색의 맛난 요리 웃음꽃 피우면서
편안한
가정 꾸리는 아들 내외 격려하네

(2023년 2월)

삼시 세끼

날마다 챙겨야 할
입이란 포도청이

여인들 발목 잡고
곰돌아 구속하네

무수한
끼니들의 사열
파도처럼 밀려온다

끼니는 붙박이로
입들만 변덕이니

먹든 굶든 속수무책
칼로 베도 소용없이

조준도
되지 않으니
지고지순 순종하네
    (2020년 여름 삼시 세끼 챙기느라 신경질)

선비 정신

조상의 빛난 얼이 선비 정신 아니던가
외풍이 태풍 되어 종횡무진 선을 넘어
인의예
숭고한 정신 뿌리째로 흔들린다

인간의 탈을 쓰고 금수행동 아리구나
총명한 맑은 혼이 혼탁한 이 시점에
충효의
선비 정신이 정도 위에 펼쳐지길

재조명 우리 문중 투철한 선비 정신
살신성인 청렴함이 삼강오륜 토대 위에
지덕체
가치관 존중 세세연년 빛나도다

(2023년 6월 1일 임동면 수곡리에서)

불 맛

모닥불 감자구이
갈비 불에 간고등어

잉걸불에 바비큐
장작불에 곰탕이라

불 맛의
오묘한 별미
코가 먼저 달려간다

*잉걸불: 이글이글 핀 숯불.

슈퍼 문

노심(老心)도 달뜬 마음 동심(童心)이 발동하여
단지 내 고지대에 운집한 망월 기대
내 생애
두 번 못 볼 행운 동산 위에 슈퍼 문

합장하고 비는 마음 내 가족 일 번이요
두 번째 기도함은 국태민안 간절하네
동서양
다른 개념은 블루문과 럭키 문

(2023년 8월 31일 밤 10시
동양은 "럭키 문" 서양은 "블루문")

어울림 다문화

색깔이 다르다고
꽃 아니라 하지 말며

색안경 너머로는
더불어 밝은 얼굴

이해의
그윽한 향기
국경을 초월하리

백합과 장미꽃에
백일홍 송이들이

어디서 본 적 없는
함박꽃 피우는 곳

까맣게
찌들은 손을
다정스레 잡아 준다

꼬리잡기

꼬리란 무슨 꼬리
수많은 꼬리 있네

말꼬리 헐뜯어서
원수 맺지 말 것이며

문 꼬리
여닫는 소리
원활한 소통이라

연 꼬리 잡는 것은
못 날게 방해함이

아홉 개 여우 꼬리
요귀란 뜻이려니

눈꼬리
치켜뜬 것은
사나움의 표상일세

　　(2022년 6월 말꼬리 잡는 특기자를 보면서)

제6부
효 나들이

일산 호수 공원에서

정발산 솟은 샘이
호수를 창조하고
인어공주 탄생하고
이무기도 흥에 노니
옥수에
잔 띄워 놓고
동창들과 봄 잔치

원색의 장미들은
눈으로만 보라 하고
음색으로 화답하는
새소리 불러 놓고
추억의
찔레순 얘기에
석양빛이 재촉하네

(2015년 병중 7회 봄나들이)

효 나들이

효심의 아들 부부
황금 해 첫나들이
노부모 건강 챙겨
남한강 두물맛집
혹한의
소한 절후도
녹여 주는 음식 맛

왜가리 쌍유 날고
두 물길 화합하는
한강의 장관이요
서울의 별경일세
효심은
하늘에 닿아
온 가족이 태평하리

새만금 방조제

기술이 예술이라 망망대해 만경 들판
뛰어난 두뇌 기술 바다도 육지 되니
황홀한
낙조의 비경 환상적인 풍경들

방조제 세계 최장 고군산도 천혜비경
수십여 섬 구슬 꿰듯 수만 어류 모여들고
은사실
해수욕장은 세인들의 휴식처라

먹거리 볼거리가 다도의 백미려니
하늘이 내린 복을 천복이라 자화자찬
연도교
선유 팔경도 우리 여정 엄지라네

(2023년 5월 3일 회혼기념 여행 자녀들과 여행하면서)

영양 땅 수하계곡

해맑은 하늘 아래 생태 공원 수하계곡
은어는 살랑살랑 개똥벌레 폴폴 날면
천상엔
별들의 잔치 보석같이 반짝이네

영양의 자랑거리 국제공원 수하계곡
천년송 밀림이요 청정지역 맑은 공기
자연을
잘 보존하여 태고 풍경 이어지길

산 높고 골 깊으니 물 맑고 공기 좋아
손주들 미끄럼틀 물놀이에 매료되어
석양이
재 넘으려니 아쉬운 듯 더 놀잔다

(2020년 여름 막내딸 가족과 여름휴가)

양동마을 찾아서

설창산 능선들이 말 물 자로 터를 잡고
양동천 안락천이 옥토를 일구었네
지형은
빼어난 길지 삼현을 배출한 곳

성주봉과 문필봉 양맥이 내리흘러
손문의 텃밭에서 이문도 탄생하니
친 외손
함께 번성하며 만고길지 이 아닌가

서백당 무첨당이 문무를 배출하니
타문에 귀감이요 성리학의 터전이네
인재를
겸비한 지맥 이름하여 양동이라

(2019년 여름)

팔미도 등대

한국의 첫 등대로 천구백삼 년생
그 명성 팔미등대 한반도 혼불되어
풍한의
칠흑 밤 뱃길 안전입항 모성애

육이오 동족상쟁 팔미 점화 신호로써
인천 상륙 반격승전 천우신조 지혜일세
맥아더
지혜와 용기 인천 상륙 승전고를

팔미도 등대 탐방 인도하신 장관님
애국심 존경하며 동참한 행운이여
수평선
해넘이 윤슬 칠색광채 펼쳐지네

(2023년 10월 12일 바다 살리기 문학 기행 동참)

태화강

죽림의 십리 길이
백 리로 이어지니
태화강 맑은 물은
울산의 젖줄 되어
산업화
태동의 산실
중공업의 터전일세

닦은 길 대로 되어
보릿고개 종식되고
산업화 큰 그림은
지도자의 걸작품
선인들
끈기와 집념
고래 떼가 몰려온다

(2019년 8월 20일 울산 강변에서)

황산 일출

산허리 뒤흔드는 일순간 야호 소리
새벽을 딛고 오른 울긋불긋 맑은 눈빛
등 넘어
해보다 먼저 가슴속이 용광로다

구름에 가렸느냐 석벽 뒤에 숨었느냐
까치발 들고서도 환한 빛은 뵐까 말까
전망대
난간에 기대 조바심에 뛰는 심장

그 순간 불을 물고 솟구치는 새 한 마리
긴 어둠 걷어 내고 밝은 아침 해를 칠 때
이슬에
부딪친 빛살 하늘 높이 떠오른다

(2016년 7월 중 태산에서)

태산에서

오악의 으뜸이요
산동성의 명산이니
불로초 찾아가는
진시황의 유적이라
하늘 땅
짝짓기 명품
천일교가 말해 주네

도교와 유교 공존
제왕들의 국태도량
팔순 부부 들숨 날숨
옥황상제 제단 앞에
응고된
마음의 화를
춘설같이 녹여 주네

(2014년 7월 27일 막냇사위와 태산 여행)

길상사

작고도 크신 절개
불보살로 나리셨네
무소유 시주 공덕
세인이 합장하니
고고한
인향만리라
근본 도량 길상사

문향과 불향으로
진향이 피어올라
지구를 비행하는
백석의 혼불이여
고아한
성북동 자락
불보살로 나리셨네

(2023년 9월 13일 시조 문학 기행 9)

남산 한옥마을

바람난 풋선비가
남산골에 모여들어
음치 박치 조율하는
그 열정이 가상하니
남산골
한옥마을엔
시조창의 용광로다

낙엽을 밟으면서
옛 선비님 발자취를
숲길이 뿜어내는
시어 담이 높이 뜬다
단풍잎
곱게 날아와
시조창에 참여하네

(2020년 11월 6일 남산 국악당에서)

삼 용이 떴다

햇살이 도드라진
구름꽃을 바라보며
창공을 주름잡고
규수로 날고 있다
삼 용이
봄바람 난다
세 모녀의 벚꽃놀이

겹매화 홍매화에
인매들 만개행렬
오성급 숙소에는
독상 차림 거한 메뉴
우주를
품에 안은 행복
삼 용의 봄날이다

   (2019년 4월 일본 여행)
   *삼 용: 용띠 삼 모녀

횡성 호반

갑천을 흘러온 물 북천으로 휘몰아서
첩첩한 산과 계곡 오달지게 품어 안고
옛 마을
병지 밤골은 옛 전설을 전해 주네

오뚝한 준봉들은 문필봉을 흉내 내고
옛 시인 묵객들이 쉬어 가던 너럭바위
황소의
붉은 콧김 같은 바람 소리 거칠구나

호수를 채운 물도 목적지는 대해이고
산은 또 계절마다 제 색깔로 뽐낼 텐데
수장된
추억의 장터 커피 향만 출렁인다

(2021년 5월 문학 기행에서)

2022년 걷자 페스티벌

산뜻한 9월 하늘 맑고도 드높아라
삼삼오오 모인 인파 남녀노소 반려 견공
한마음
즐거운 협찬 서울시와 조선일보

진행이 매끄럽고 기관장님 함께하니
디자인 광장에는 오천여 명 준비운동
친구와
난생처음 동참 이 가을이 즐겁도다

이화로 율곡터널 늙은이 망령인가
기분은 상승하고 활력은 넘쳐나고
모두가
한마음 한뜻 온 국민이 화합하네

(2022년 9월 25일 동대문 디자인광장 앞 운집 열민 울림)

포항제철의 수난

용광로 쇳물이여 회오리를 못 녹이고
순식간 빨려들어 참담한 재앙 앞에
광기의
"힌난노" 세례 어느 때나 복구되리

호미곶 높이 든 손 동해를 손아귀에
모래밭에 성을 쌓은 국력의 금자탑
세계의
일 위 명성을 다시 세워 재기하리

(2022년 9월 5일 "힌난노" 태풍 세례로
 허무히 무너진 포철의 재기를 빌며)

강남 민속촌

옛것에 머문다고 그 별칭이 민속촌
별칭도 호칭되어 명품으로 발전하리
구습을
버리지 못하는 촌스러운 내 탓이다

구법도 계승하고 신법도 포용하며
만물의 영장으로 본분을 지키면서
든든한
주춧돌 위에 큰 기둥과 대들보라

민속촌이 정자되어 만인을 아우르고
덕담의 물결 타고 세계화의 발판으로
대 이어
올바른 삶을 이어 가기 원하네

(2018년 2월 22일)

호미

용광로에 녹은 몸체
냉수마찰 반복하며
호되게 얻어맞고
고개 숙인 네 모습
농자의
손아귀에서
옥토 박토 헤집는다

단련된 몸으로서
제 소임에 충실하고
할퀴고 헤집어서
보석을 찾아내듯
그 명성
바다를 건너
수출에도 한몫을

(2021년 가을 영주 호미가 매스컴 타고
외국인의 사랑받음 보고)

〈평설〉

인생과 자연의 조화를 통해 인간의 본질 탐구

문복희(시인, 가천대학교 교수)

 옥당(玉堂) 류영자 시인은 고고한 인품 속에 따스한 사랑을 지닌 작가이다. 국화보다 향기로운 높은 덕과 품위를 갖춘 정갈한 시인이다.
 2013년 〈한국문인〉과 〈시조생활〉로 등단하여 2015년 첫 시문집 『내 인생의 그림자』을 내놓았고, 2019년에는 팔순 기념 작품집 『반지』를 발간하였다. 이러한 탄탄한 문학 세계를 기반으로 이번에는 회혼(回婚) 기념 시조집 『내 몸이 보석이다』를 내놓게 되었다.
 회혼이란 부부가 혼인 후 해로하여 만 60돌을 맞는 경사이다. 즉 인생에서 최고의 복과 장수를 누렸다는 의미이다. 옥당 선생님은 참으로 지혜로운 분이며, 마음이 어진 분이다. 〈논어〉에 '지혜로운 사람은 물을 좋아하고, 어진 사람은 산을 좋아한다(知者樂水 仁者樂山)'라는 글이 있다. 그는 산수를 좋아하여 영양에 고택 역은장(易隱莊)을 지어 놓고 부군(夫君) 정재칠 선생님과 금강석 같은 부부의 사랑으로 회혼까지 살아오셨다. 이러한 옥당 선생님의 인생 여정을 시조로 빚어내서

단아하고 격조 있는 작품집 『내 몸이 보석이다』를 내놓았다. 이 시조집은 옥당 선생님의 인생을 문학 세계로 응축한 큰 열매이며 빛나는 보석이다.

옥당 선생님의 문학 세계를 보면 인생과 자연 사이의 조화를 통해 얻어진 인간 본질에 대한 통찰력을 엿볼 수 있다. 우선 회혼을 맞으며 부부의 관계를 조명한 시조를 살펴보도록 한다.

둘이는 천생연분 홀로서기 못 하나니
서로는 궁합 맞아 산과 바다 꿰매 놓고
그 연분 영원하여라 지고지순 해피하리

쇠와 목 다른 근본 무슨 합이 지중하여
홀로는 무재무능 독립 못 해 여한이라
연분이 명궁합이니 영원무궁 함께하리
　　　　　　　　－「실과 바늘」 전문 －

부부란 버팀목이 생민의 근본이요
동기란 동근이지 가족을 넓혀 가니
결혼은 이성지합이 만복의 근원일세

홀로를 선택하면 불효의 가정이요
버팀목 없는 삶은 초목보다 초라하리
짝짓기 열심히 해야 국가 미래 푸른 신호
　　　　　　　　－「버팀목」 전문 －

옥당 선생님의 시조에 나타나는 주된 주제 가운데 하나는 가족이다. 그의 삶의 뿌리를 가장 깊이 두었던 곳이 가족이다. 가족은 그의 삶의 중심에 있어 왔고, 가족을 둘러싼 공간은 가장 따뜻한 힘을 주는 생명의 공간으로 드러나고 있다. 가족은 그의 삶과 일상, 의식과 무의식에도 존재하는 근원적인 공간이며, 그 가족의 최소 단위에 부부가 놓여 있다.

「실과 바늘」 작품에서 보여 주는 부부는 추상체가 아니며 엄연한 실체이다. 부부를 실과 바늘로 비유하면서 홀로서지 말고 둘이 지고지순하게 살아야 한다는 것이다. '서로 궁합이 맞아 산과 바다를 꿰매 놓고' 영원무궁 함께하리라는 자세는 회혼을 맞은 부부의 마음이기도 하다.

「버팀목」에서도 부부는 생민지시의 근본이며, 만복의 근원이다. 버팀목 없는 삶은 초목보다 초라하니 부부가 서로 버팀목이 되어 가족을 넓혀 가야 한다는 것이다. 부부는 가족이라는 형식 속에 사랑의 강력한 힘을 만들어 낸 가장 원형적인 존재이다.

> 활짝 핀 이십 초반 가문끼리 혼약 성혼
> 여필종부 삼종지도 칠거지악 새기면서
> 굴레에 얽매인 삶이 육십 성상 회혼이라
>
> 둘이 가꾼 정원에는 자녀 손 열아홉이
> 오가며 반가운 정 보약 같은 안부 전화

자손들 살가운 정성 건강 챙겨 해로하네

　　　자손들 심신강건 지혜롭게 대로 찾고
　　　제 분복 안락 가정 삶의 질 높이면서
　　　대 이은 적덕지가에 필유여경 비는 마음
　　　　　－「회혼을 맞으며」 전문 －

　　이 작품은 옥당 선생님의 일생을 시조로 정리한 작품이다. 가족을 둘러싼 공간은 한 인간의 출생 이후 성장 과정을 거쳐 자신의 정체성과 역할을 깨달을 수 있는 공간이다. 이 작품에서도 보면 이십 초반 혼약 성혼하여 부부의 연을 맺었다. 혼인한 후 부모와 자식 간의 연속성이라는 삶의 원리를 깨달으며 자신의 정체성을 찾아가고 있다. 여필종부 삼종지도 칠거지악 곰삭이며 굴레에 얽매인 삶을 살면서 육십 성상 회혼이 되었다. 옥당 선생님은 회혼까지 살아오는 동안 가족의 중심에서 자신이 지켜야 할 자리에 서서 섬김과 인내로 어질게 살아오셨다. 시부모님을 성심으로 섬기며 며느리로, 지혜로운 아내로, 자애로운 어머니로 제자리를 지키며 순리대로 사셨다. 이러한 삶의 원리가 담긴 다음 작품에서도 그의 인생관을 엿볼 수 있다.

　　　자리란 명제는 그 사람의 제자리니
　　　왕골자리 대자리도 분수에 맞아야지
　　　자리를 지키는 인내 복된 영광 누릴지니

탐심에 뺏은 자리 송곳방석 되고 마네
　　순리로 얻은 자리 양탄자로 푹신하리
　　탐욕이 푼수 떤 자리 날 선 칼날 안절부절
　　　　　　　　　　－「자리 보존」 전문 －

　이 시조에서 우리에게 주는 교훈은 자리를 지키는 인내의 삶이 복된 자리라는 것이다.
　옥당 선생님의 삶은 시조에 나타나는 내용을 그대로 실천하신 복된 삶이었다. 인내로 자리를 지켜온 옥당 선생님은 서울특별시장상 효 부문에 수상하신 것만으로도 충분히 알 수 있다.
　이외에도 「큰 그늘」 「우표 없는 편지」 「배꼽」 「엄지부부」 「엄마표 목화 이불」 「물처럼」 등의 많은 작품에 옥당 선생님의 지자(智者)로서. 인자(仁者)로서의 인품과 삶의 궤적이 청정하게 담겨 있다.

　끝으로 그의 삶이 얼마나 복되고 보석처럼 빛나는 삶이었는지를 단적으로 보여 주는 다음 작품을 우수작으로 추천하며 회혼을 축하드립니다.

　　억겁의 인연 복에 이내 몸이 선물 받아
　　유일한 존재이니 만금에 비견하리
　　조물주 지극한 은총 빛과 향도 주셨으면
　　　　　　　　　　－「내 몸이 보석이다」 전문 －

류영자 제3시조집
내 몸이 보석이다

제1판 1쇄 인쇄 · 2024년 1월 15일
제1판 1쇄 발행 · 2024년 1월 20일

지은이 · 류영자
펴낸이 · 이종기
펴낸 곳 · 세종문화사
편집 주간 · 김영희

주소 · (03740)
　　　서울 서대문구 통일로 107-39, 223호
　　　E-mail: eds@kbnewsnet
전화 · (02)363-3345, 365-0743~5
팩스 · (02)363-9990

등록번호 · 제25100-1974-000001호
등록일 · 1974년 2월 1일

ISBN 978-89-7424-193-3　03810

값 12,000원